빛을 따라 걷는 날들

별빛 같은 날들의 기록

빛을 따라 걷는 날들

김우용 시집

가장 작은 빛이
가장 먼 길을 비춘다

바른북스

인·생·은·이·해·와·사·랑·이·필·요·합·니·다

삶에서 만나는 모든 것들은
우리 자신이 행동한 결과다
행동의 주인이 됨으로써
우리는 운명의 주인이 된다

* 저자의 의도에 따라 작품의 보조 동사와 합성 명사는 띄어쓰기가 달라질 수 있습니다.

시인의 말

빛을 따라 걷는 날들은
멀고도 가까운 길이었습니다

돌아보면
가장 힘들었던 순간에도
내 마음 어디쯤엔
작은 빛 하나 살아 있었습니다

저 멀리 바다 끝에서 반짝이는 물빛
가을 하늘에 스미는 바람빛
그리고 햇살 한 조각이 모여
한 권의 시집이 되었습니다

이 책을 통해
당신의 하루에도 작은 빛 하나
머물기를 바랍니다

2025년 가을

김우용

차례

시인의 말

1부 | 마음을 열면 어둠도 더는 어둡지 않고 밤도 낮처럼 빛난다

마음의 문	16
빛과 바람의 꿈	18
이름 없는 꽃에게	20
엄마	22
꿈이 피어날 때	24
해와 달 사이	26
역방향에 앉아	28
빛을 따라 걷는 날들	30
볼트	32
햇살의 초대	34
비상(飛上)	36
소나기	38

2부 | 당신은 누군가의 아침이자 봄이자 별입니다

밤에도 낮에도	42
빛과 그림자	44
오늘도 빛나는 (J)에게	46
쓴 것이 달게 느껴질 때	48
빛과 어둠이 만나는 곳에서	50
붙잡을 수 없는 것들	52
해일까 달일까	54
마음의 추	56
그림자	58
하루와 하루 사이	60
첫 마음	62
침묵을 깨는 물처럼	64

3부 | 가장 아름다운 사랑의 노래

공존의 세상	68
고갯마루 넘는 법	70
환승의 순간들	72
아내의 웃음소리	74
꿈을 붙잡는 일	76
간이역	78
도토리 할아버지	80
살아있는 것은 다 꿈을 꾼다	82
불씨	84
길	86
동백꽃보다 예쁜 꽃	88
비상의 조건	90

4부 | 매일 새롭게 피어나는 희망을 향해

대문	94
들꽃	96
희망은 새벽에 피어난다	98
틈새	100
하루	102
바람의 노래	104
커피, 그 향기 속의 존재	106
저 구름과 같이	108
제자리	110
폭염	112
물레	114
불꽃	116

5부 | 낮도 당신의 것, 밤도 당신의 것

모든 것에는 저마다의 때가 있다	120
멈춤의 미학	122
새벽 능선에 피어나는 것들	124
이 세상 끝까지	126
빛과 어둠의 만남	128
땅에서 달까지	130
시간의 물레	132
꽃의 고백	134
작은 빛 하나	136
바람의 길	138
낮과 밤	139
하늘 위에 하늘	140

해설 | 꿈꾸는 삶, 깨어 있는 문장들   143

1부

마음을 열면 어둠도 더는 어둡지 않고
밤도 낮처럼 빛난다

마음의 문

바람 한 줄기 없는 밤이었다
달조차 숨죽인 하늘 아래
내 그림자조차 나를 떠났다

먼 산등성이
어둠이 짙게 내려앉은 틈
가느다란 별빛 하나가
고요히 어둠을 뚫고 피어나고 있었다

절망이라 여겼던 한 걸음을
조심스레 내디뎠을 때
땅속에서 싹이 오르듯
희망은 말없이 내 안에서
꿈틀거리기 시작했다

모든 것이 끝이라 믿었던 순간
그 끝은
새로운 시작이 문을 열고
빛처럼 퍼져가고 있었다

낡은 문 하나 열었을 뿐인데
찬 바람이 스치고
먼지 쌓인 풍경이
조용히 빛을 품으며
다시 숨을 불어넣기 시작했다

눈을 감으면 암흑이지만
마음을 열면
어둠도 어둡지 않고
밤 또한
낮처럼 빛난다는 것을
알게 된 밤이었다

빛과 바람의 꿈

고요한 새벽
시간조차 숨을 멈춘 틈에서
바람이 묻는다
'너는 어디서 와 어디로 가는가'

나는 대답하지 못했다
빛은 아직 나를 다 태우지 않았고
바람은 내 흔적을
끝까지 데려가지 않았으므로
나는 길 위에 서 있었다

존재와 무(無)의 경계에서
빛은 내 안의 침묵을 깨우고
바람은 잠든 기억을 흔들었다

어떤 날은
빛이 이끌어 하늘에 거울을 비추게 하고
또 어떤 날은
바람이 등을 밀어 잊힌 언덕에 세웠다

'당신이 남긴 것은 무엇인가'

삶이란
자기 자신에게 되묻는 긴 여정
시간의 강을 건너가는
빛의 길이자 바람의 길이다

그렇게 모든 흔들림을 지나
마침내 어둠 속에서 피어나는
또 하나의 새벽이 온다

그 새벽이
우리가 살아가는
또 다른 이유다

이름 없는 꽃에게

조금 늦게 핀 너도
결코 뒤처진 게 아니었단다
햇살 한 줌에도
소리 없이 피어나는 법을
조용히 배우고 있었으니까

다 피우지 못한 사랑이
가슴 어딘가에 남아 있어도
그건 언젠가
누군가의 마음에 머물
오래도록 잊히지 않을 향기일 거야

너무 짧아
더 슬펐던 날들도 있었지
하지만 그 짧음 때문에
더 깊은 기억으로 남았던 거야

이름이 없다고
그 존재가 작았던 건 아니란다

너의 피어남도
누군가의 계절을 환하게 밝혔으니까

그러니 기억해 줘
우리의 삶도
저마다 다른 빛으로
어디에선가 아름답게 피어났던
하나의 꽃이었다는 걸

엄마

누군가
엄마를 부른다

맑고 여린 목소리
바람결에 실려와
내 귀를 두드린다
나는 문득 걸음을 멈춘다

그리운 이름 엄마
내가 얼마나 불렀던가

작은 상처에 젖을 때마다
악몽에 시달리던 새벽마다
나는 본능처럼
그 이름을 찾아 헤맸다

부엌 가득 퍼지던
구수한 된장의 내음이 허기를 감싸고
긴 오후 햇살 쏟아지던 마루에서

내 옷자락을 기워주시던
따뜻한 엄마의 손길

아, 나는
세상에서 가장 포근한 품에
안겨 있었던 것을

이제 그 부름에
대답할 이는 없지만
내 마음 깊은 곳
당신은 여전히 살아 있어
그 목소리에 가만히 눈을 감는다
그리고 나지막이 속삭인다

엄마 잘 계시죠?

여기 당신을 기억하는 아이가
오늘도 이렇게
당신을 부르고 있어요

꿈이 피어날 때

어떤 느낌이 올 때는
바람이 먼저
마음 깊은 곳을 스쳐 간다

한 잎 낙엽이 질 때
나는 그보다 먼저 흔들리고

스쳐 가는 구름을 보면
외로움이 스치듯 번진다
저녁빛 물든 강물 앞에 서면
이유 없이
그리움이 은빛으로 젖는다

꿈은
그 젖은 자리에서 자란다

생각은 늦고
느낌은 먼저
심장의 문을 두드린다

한 조각 그리움이
풀잎 끝에 맺히고
그 맺힘이 마음에 스며
천천히 꿈이 되어 흘러내린다

꿈은
멀리서 오는 것이 아니라
아주 조용히
내 안에서 피어나는 것이다

햇살 한 줌
바람 한 점
그 작은 숨결로
내 안의 느낌이 숨 쉬는 순간

세상을 비추는
작은 별 하나가 된다

해와 달 사이

내가 해가 되면
아내는 달이 되고
아내가 달이 되면
나는 해가 될 때가 있다

남쪽과 북쪽*
함께 있지 않아도
햇살처럼 따스한 마음으로
달빛처럼 포근한 눈빛으로
서로의 길을 비춘다

낮이 밤을 부르듯
밤이 낮을 부르듯
계절은 흘러도
하늘엔 늘 설렘이 피어난다

그 설렘 하나로도
마음 깊은 곳이 따뜻해지고
우리는 멀리 있어도

같은 계절을 건너고 있다

때로는 빛으로
때로는 그늘로
서로의 하루를 어루만지며
그 순환의 숨결 속에서
우리는 내일을 꿈꾼다

먼 듯하면서도 결코 멀지 않은
해와 달처럼
늘 서로의 하늘 아래
하나의 인연으로

---

* 남쪽은 여수, 북쪽은 춘천을 의미함

역방향에 앉아

망각의 속도만큼
빠르게 달리는 열차 안에서
나는 앞이 아닌
뒤를 바라본다

차창 밖
손 한번 잡지 못한 날들이
풍경처럼 스쳐 간다

잠시 눈을 감고
기억을 되짚는다

그 기억은
정거장마다 머물렀고
기적 소리마다
마음 하나씩 조용히 내려 놓았다

그 사이
나는 추억의 필름을

거꾸로 돌려본다

앞만 보며 달려온
세월의 궤도 위에서
나의 시간, 나의 사람들

그들과 나눈 사소한 말들
따스했던 눈빛 하나가
어쩌면 삶의 전부였는지도 모른다

그러나 지금은
그저 스쳐 가는 풍경 속에
내 삶의 희로애락이
한 장면씩
조용히 지나갈 뿐이다

빛을 따라 걷는 날들

창틈을 비집고
하루를 여는 햇살 한 줄기
내 이름을 부르듯
살며시 나를 깨운다

그 빛을 따라
나는 오늘도
조용히 길을 나선다

풀잎 끝에 맺힌 이슬이
잠든 시간을 흔들고
바람은 어제의 속삭임을
슬며시 털어낸다

빛을 따라 걷는다는 건
매 걸음마다
잃어버린 나를 다시
만나는 일

그늘 아래서
잠시 숨 고르며
나는 문득
햇살도 쉰다는 걸 배운다

오래된 상처 위에도
빛은 꽃잎처럼 내려앉고
지나온 발자국마다
작은 위로가 피어난다

이 길 끝에는
무엇이 있을지 몰라도
나는 이미 답을 품고 있다

걷는 지금
이 순간이 곧
하루의 시(詩)라는 걸

볼트

단단히 조여야
흔들리지 않는다며
삶은 언제나
나를 조금씩 죄어왔다

철재 틈새를 물고 있는
작은 볼트처럼
나는 어떤 무게를
버티며 살아왔을까

가끔은 풀려나고 싶었다
돌고 도는 시간 속에서
홀로 멈춘 듯한
쓸쓸한 착각에 잠기곤 했다

그러나
한 줌의 진심이 다가와
내 마음 깊은 나사산에
조용히 끼워졌다

헐겁지 않게
그러나 너무 조이지도 않게
그렇게 연결되는 순간
나는 비로소 내 자리를 찾았다

세상을 움직이는 건
거대한 기계가 아니라
작지만 단단한 마음으로
서로를 지탱하는
작은 볼트 하나라는 걸

햇살의 초대

이른 아침
창밖 새소리가
햇살보다 먼저
나를 깨운다

덜컥
영혼이 깨어난다

어제의 무게를 털고
눈부신 빛
그 안에 서 있는 나

어둠을 견뎌온
긴 시간들이
이 순간을 빚어냈을까

소나기가 지나간
잎새 틈으로
다시 비추는 햇살

그 햇살이
마음의 빗장을 풀고
어제보다 더 환하게
나를 이끈다

비상(飛上)

사는 동안
바람과 빛 바다와 들꽃
그리고 마음속 작은 불씨 하나가
어느새 한 편의 시가 되었다

그 시 속에서 나는
넘어지고 또 일어나며
환승하듯 날아오르기를 반복했다

고통과 절망 속에서도
나는 조용히 불씨를 지피고
희망의 꽃을 피우며
어둠 속에서 길을 잃지 않으려
온 신경을 곤두세웠다

비록 간이역처럼
스쳐 지나간 순간들이라도
그 하나하나가 모여
삶이라는 긴 여정의 선물이 되었다

오늘, 이 자리에서
나는 다시 노래한다

마침내
그 모든 순간들이 모여
나의 삶은
비상(飛上) 한다

저 하늘 높이
자유롭게
그리고 힘차게

소나기

예고 없이 들이닥쳤다
햇살의 틈을 노려
한껏 부푼 감정을
거침없이 쏟아붓더니

아무 일 없었다는 듯
말없이 사라진다

지나간 자리에
더 선명해진 하늘
흙냄새 가득한 생기

그리고
잠시 숨죽였던 세상이
더욱 맑은 소리로
다시 시작된다

2부

당신은 누군가의 아침이자 봄이자 별입니다

밤에도 낮에도

너는 말하지 않아도
항상 거기 있었다

비가 쏟아지는 밤에도
햇살이 눈부신 낮에도
묵묵히 흔들리지 않는 등불처럼
누군가는
빛으로만 사랑을 말하지만
너는 어둠 속에서 더 밝게
나를 품어주었다

세상이 등을 돌릴 때조차
너는 나를 놓지 않았다
기억의 가장 깊은 곳에서
끊임없이 나를 부르고 있었다

그래서 나는 안다
삶이란
밤에도 낮에도

누군가의 조용한 기도 위에
서 있다는 것을

빛과 그림자

하늘에서 내리는 빛은
언제나 소리 없이 시작된다

바람마저 잠든 새벽녘
가장 깊은 어둠부터
빛은 조용히 그려지기 시작한다

빛이 있어야
그림자가 생긴다지만
그림자 없인
빛도 제 모습을 완성할 수 없다

어떤 진실은
햇살보다 그림자에 숨어 있고
어떤 사랑은
드러나지 않아 더 깊다

우리는 종종
빛만을 쫓다가

자신의 그림자를 잃고
다시 어둠 속에서
비로소 자신을 알아볼 때가 있다

빛이 길을 밝혀줄 때
그림자는 내 안을 비춘다

그래서
빛과 그림자는 서로를 품고
서로를 완성하여
우리의 하루를
한 겹 더 깊게 만든다

그렇게
하루는 저물고
빛과 그림자는
서로를 안은 채
또 다른 내일을 준비한다

오늘도 빛나는 (J)에게

창문을 열자
어김없이 햇살이 들어옵니다
당신을 닮은 맑고 따스한 빛

어제의 슬픔이
혹시 마음에 머물고 있다면

오늘은 그 자리에
햇살 한 줌을 놓아두세요

당신이 지나간 자리마다
작은 꽃이 피고
누군가는 숨을 고릅니다

무엇을 하든
어떻게 있든
당신은 오늘도
충분히 빛나고 있어요

가끔은 당신도
스스로를 잊고 살아가겠지만
나는 알고 있습니다

당신이 얼마나 소중한 사람인지
당신의 말 한마디가
어떤 이에게는 하루의 위로가 되고
당신의 작은 웃음이
누군가에게는 다시 일어설 힘이 된다는 걸

잊지 마세요
당신은 누군가의
아침이자
봄이자
별입니다

쓴 것이 달게 느껴질 때

허기진 날엔
쓴 것마저 달게 느껴진다

뱃속이 아닌
마음이 비었을 때
돌처럼 눌러앉은 시간 위로
외롭고 슬펐던 밤들이
내 안에서 뿌리를 내릴 때

이상하게도
그 자리에 새로운 꽃이 피고
묘한 향기가 흘러나온다

생의 허기는
무엇을 먹어도 채워지지 않지만
그 허기 덕에
쓴 것도 달게 느껴지며
고통의 의미를 깨닫는다

시간은 천천히 지나고
나는 그 안에서
조각난 나를 하나씩 껴안는다

마침내
깨진 조각들이 모여
온전한 그림이 되듯
견뎌낸 상처들이
나를 더 단단하게 하고
세상의 아픔을
더 넓은 마음으로 품게 한다

맛이 바뀐 게 아니다
비워진 마음이야말로
가장 깊이 느끼는 단맛이었다

빛과 어둠이 만나는 곳에서

노을이 저녁을 감쌀 때
하늘은 마지막 빛을 꺼내어
고요히 어둠의 이마에 얹는다

그 경계에 서면
하루는 저물고
다음 하루는
이름 없는 틈에 스며든다

구름에 실린 사연들은
잊힌 이름처럼 떠돌다
그림자 속으로 숨고

빛은 물러나며
모든 것을 비추고
어둠은 다가오며
모든 것을 품는다

나도 한때는

어둠을 밀어내려 안간힘을 썼고
빛을 붙잡으려
헛된 발버둥을 치기도 했다

그 사이에서
나는 나를 만난다
더 밝지도 어둡지도 않은
진실한 고요 속에서

마침내
내 안의 빛과 어둠이
떨리는 손끝으로
서로를 껴안는다

운명은
그렇게 소리 없이 엮인다

붙잡을 수 없는 것들

바람은
그저 지나간다
삶도 그런 거라며
붙잡으려는 손길을
조용히 빠져나간다

젊은 날엔
끝없이 묻기만 했다

왜?
어떻게
어디로

지금은 그 물음 위에
고요히 머문다

누군가는 떠나며
작은 꽃을 심고

누군가는
그 곁을 스쳐 지나간다

어떤 만남은 짧고
어떤 기억은 오래 남는다

어느 날엔
울다가 웃다가
그저 흘러가고
문득 멈춘 순간들이
이야기가 되고 시가 된다

삶이 내게 말한다
서두르지 않아도 괜찮다고
하루를 잘 살았으면
그걸로 족하다고

해일까 달일까

저 붉은 덩어리 하나
하늘 한복판에 겨우 떠 있는 것
해일까 달일까

봄철만 되면
빛조차 찌든 먼지에 갇혀
세상이 흐릿하다

넘쳐흐른 욕망의 그림자
저마다 손에 쥔 풍요의 환상
그 흔적이 바다를 덮고
스며든 독은 일상마저 마비시켰다

우린 그 낯선 감각을
익숙함이라 불렀다
빠름과 편리함을 숭배하고
자연의 숨결을 흙 속에 묻어버렸다

그러고는 묻는다

왜 이렇게 되었냐고
그 질문에 대한 대답은
아직도 돌아오길 기다리는
별들의 고백처럼
고요 속에 숨을 죽인다

오늘도
해는 창백하게 떠 있고
하늘은 깊은 침묵 속에 잠겨 있다
수많은 경고가 울렸건만
우리는 모른 척 눈을 감는다

마음의 추

대청마루 낡은 시계 속에서
마음의 추가 천천히 흔들린다

왼쪽으로는 지난날의 그리움
오른쪽으로는 다가올 날의 설렘
그 사이를 오가며
나는 생각에 잠긴다

살아오면서
사랑에 기대어 기울었고
때로는 욕심에 눌려
한쪽으로 쏠려 흔들린 날도 있었다

후회에 멈춰 섰던 적도 있었지만
추는 끝내
자기 자리로 돌아오곤 했다

그 흔들림이 바로
삶의 리듬이었다는 걸

조금씩 깨닫는다

균형이란
한없이 똑바름이 아니라
흔들림 끝에 다시
중심을 찾아가는 여정이었다

추는
가볍지도 무겁지도 않게
진실하게 움직이며
희망도 절망도
모든 것은 흘러가는 거라며
묵묵히 시간을 감는다

그 하루의 무게가
흔들린 만큼
마음도 깊어져 가고 있었다

그림자

동틀 무렵 자전거를 탈 때였다
이슬이 아직 마르지 않은 길 위로
등 뒤로 퍼지는 햇살에
그림자가 길게 앞서 나간다

늘 뒤에 있던 그림자가
오늘은 먼저 길을 나선다
마치 내가 아닌 그림자가
나를 이끌고 있는 듯하다

페달을 돌리며 문득 생각한다
누가 앞서고 누가 뒤에 있는 걸까
그림자와 나는 결국 한 몸인데도
삶에서는 늘 앞서거나 뒤따른다

햇살은 점점 높이 떠오르고
그림자는 점차 짧아지다
어느 순간 내 발끝 아래로 숨어
내 안으로 깊이 들어와 버렸다

나는 어쩌면 하루 내내
내 안의 또 다른 나를
뒤따르고 있었는지도 모른다

아침 햇살 아래 길게 드리워졌던 그 그림자
그건 내 몸의 흔적이 아니라
오늘이라는 여정을 함께 걷자고
말없이 속삭이던 나의 또 다른 나였다

하루와 하루 사이

하루는 저물고
또 하루가 떠오른다
시간은 어제와 오늘의 경계를 허문 채
투명한 물결처럼 나를 스쳐 간다

나는 그 흐름에 저항하지 않는다
어느 틈에 깃든
기억의 파편 하나가
낡은 사진처럼 햇살 속에 그림자를 드리울 때
보이지 않던 나의 존재가
슬며시 모습을 드러낸다

희망은 늘 빛 속에 있지 않다
그것은 어둠과 빛의 경계선 위
불안정한 흔들림 속에서
낚아채야 할
작은 가능성이다

멀리서 해가 희미하게 웃는다

보이지 않는 언어의 바다에서
나는 단어 하나를 건져 올리면
그 말들은 내 가슴을 따라 흐르며
한 편의 시가 된다
시를 쓰는 일은
곧 나를 건너는 일이다

이 하루는
지나가는 것이 아니라
나를 잠시 머물게 하는
존재의 한 방식이다

첫 마음

처음 꽃을 보았을 때처럼
숨죽여 바라보던 그 눈빛을
나는 아직 기억하고 있습니다

봄볕이 조심스럽게 내리던 날
내 마음도 그 볕처럼
환하게 피어났지요

세월이 가고 계절이 돌고
발걸음에 무게가 실려도
그 마음 하나로 여기까지 왔습니다

이제 다시
그 첫 마음을 꺼내어 봅니다
작은 등불처럼
길을 비추는 희망처럼

그리고 나는 다짐합니다
처음처럼 사랑하고

처음처럼 감사하며
혹여 흔들리는 날에도
그 첫 마음으로 다시 걷겠다고
작은 숨결을 고르며
다시 일어서는 나를 만납니다

첫 마음은 잊히는 것이 아니라
언제라도 다시 꺼내어
나를 일으키는
내 안의 가장 깊은 약속이니까

침묵을 깨는 물처럼

어릴 적, 마을 어귀 개울가에 앉아 흐르는 물을 바라보곤 했다 돌 위에 걸터앉아 찰랑이는 물소리를 들으며 아무 일도 일어나지 않는 그 고요한 시간 속에서 나는 조용히 자라났다 물은 늘 그 자리에 있으면서도 쉼 없이 흘렀고 그 속삭임은 마음 깊은 곳까지 스며들었다 소리 없이 돌을 닳게 하는 물처럼 굵은 비가 흙을 휩쓸고 가는 것처럼 세상은 말없이 자신의 진심을 전하고 있었다 그때 나는 몰랐다 흐르는 물속에 꿈틀거리는 의지가 숨어 있었고 빗방울 하나에도 생명이 깃들어 있다는 것을,

지금도 나는 종종 그 시절의 물소리를 떠올린다 그리고 오늘도 조용히 한 줄의 시를 쓴다 부드럽지만 꺾이지 않는 마음으로 강물처럼 더디게 흐르지만 언젠가는 닿을 문장을 향해 나아간다 침묵은 언제나 내 안에 있었고 삶은 그 침묵을 깨우는 여정이었다 물이 돌을 부수듯 나도 그렇게 나 자신을 깨어 가고 있는 것이다

3부

가장 아름다운 사랑의 노래

공존의 세상

어느 아침
학교 가는 길목에서
한 아이가 마주친 길고양이에게
작은 빵 조각을 내민다

고양이는 망설이다가
조용히 손끝에 다가와
가만히 눈을 맞춘다

그 순간 서로 다른 숨결이
고요히 겹치고
작은 온기가 세상에 퍼진다

누군가의 한숨은
누군가의 노래가 되고
굳게 닫힌 마음 한복판에
푸른 물결이 다시 차오른다

나란히 걷되 부딪히지 않고

함께 있되 얽매이지 않는
서로의 다름을 품고
공존의 세상 위에
지금 이렇게 서 있다

그러하기에
누군가를 밀어내는 전쟁은
결코 있어서는 안 된다

작은 평화로 이어진
이 순간처럼

우리는 서로를 지키며
함께 걸어가는 세상을
함께 만들어야 한다

고갯마루 넘는 법

깔딱 고개를 오른다
가쁜 숨 몰아쉬며
날개 없이 허공을 나는 연습을 한다

허벅지가 투덜대고
숨은 턱 끝까지 차오르지만
머릿속엔 이미
고갯마루 너머로
새처럼 날아간다

페달을 밟을수록
걱정 하나 근심 둘
바퀴 뒤로 획획 튕겨나간다

내리막이 보이면
나는 세상에서 제일 빠른 새
바람은 귓가를 간질이고
햇살은 등을 다독인다

나아간다는 건
결국 자신을 끌고
또 자신을 밀어주는 일
두 바퀴가 내게 가르쳐준다

가끔은 인생도
이와 같았으면 좋겠다
오르막 끝엔 내리막이 있고
언제나 앞으로만 달릴 수 있으니까

저만치 펼쳐진 길 위로
햇살이 기울고
나는 다시 페달을 밟는다

어딘가로 가는 게 아니라
나를 다시 만나러 가는 길이다

환승의 순간들

버스문이 열리고
서둘러 내린 발길
다른 버스에 올라 카드를 대면
작은 기계 속에서
익숙한 음성이 들린다

'환승입니다'

정거장을 가로질러
바쁜 걸음 속 스쳐 가는 얼굴들
각자의 목적지를 향해
저마다의 길을 찾아가는 사람들

나의 삶도 이 환승과 닮아
어제의 나에서 오늘의 나로
청춘에서 중년으로
중년에서 노년으로
환승을 거듭하며 흘러간다

때로는 미끄러지고
때로는 숨이 차올라도
다시 갈아타며 가는 길

그 길은
끊임없는 환승의 노선

젊은 날의 미소와 문득 마주치면
가벼운 마음으로 되돌아가
그때 그곳에 서 있는
나를 바라본다

마침내 다다른
벚꽃 피는 봄날의 길목
삶의 아름다운 환승
바로 이 순간에

아내의 웃음소리

아내의 웃음소리엔
묘한 치유의 힘이 깃들어 있다
나의 반쪽 삶을 묵묵히 지켜준
그 웃음소리에 나는 오늘도 감사한다

넘어져 상처 입은 날이면
쓰린 아픔을 부드럽게 감싸고
지친 어깨 위엔
새로운 희망을 얹어준다

거센 비바람 몰아칠 때에도
한 송이 꽃처럼 환히 피어나
메마른 가슴을 적시고
삶의 구석구석에
따스한 향기를 채워 넣는다

때로는 아이처럼 해맑게
때로는 바람처럼 시원하게
그 웃음소리는

지친 나를 토닥이며
다시 일어설 용기를 심어준다

아내의 웃음소리는
묵묵히 견뎌온 세월의 무게도
가볍게 덜어내고
어두웠던 하루의 문을 환히 열어준다

가슴 깊이 울려 퍼지는
내 삶의 환희의 꽃
그 어떤 노래보다 따스한
가장 아름다운 사랑의 노래다

꿈을 붙잡는 일

꿈을 붙잡는 일은
두려워하지 않는 일이다

지나간 시간마저
가만히 품어보는 마음이다

손끝을 스쳐 간
그 한 줄기 꿈
누군가의 바람이었고
어쩌면
내 젊은 날의 소망이었는지도 모른다

꿈은 늘 앞서 달린다
내가 멈추면 멀어지고
달리면 저 높은 곳에서 웃는다

그토록 자유로운 꿈을
나는 왜 자꾸 붙잡으려 했을까

이제는
붙잡지 않아도
꿈은 늘 내 곁에 있고

나는 그 순간마다
살아 있음을 느낀다

꿈을 붙잡는 일은
이름을 부르는 일이 아니라
넘어지는 날에도
다시 일어서는 마음이다

오늘도 두 손을 펴본다
저 푸른 하늘 어딘가에서
꿈은 여전히
나를 기다리고 있으니

간이역

도착 시간이 중요하진 않았다
스쳐 가는 간이역마다
들꽃 같은 얼굴이 미소 짓고
산과 들이 창밖을 수놓을 때
그 모든 순간이
삶이 건네는 작은 선물이었다

햇살에 반짝이던 강물
바람에 흔들리던 나뭇잎
창밖을 스치던 새들의 날갯짓도
그날은 모두 나를 위한 기쁨이었다

그때 아내와 나는
한 편의 영화 속 주인공이 된 듯했고
문득 떠오른 추억의 조각들은
기쁨과 슬픔을 함께 묶어
구름처럼 흘러가는
삶의 풍경으로 남았다

그 풍경을 따라 걷던 어느 날
우리는 작은 간이역에 멈춰 섰다
그곳에서 문득 깨달았다

행복은 도착지에만
머무는 것이 아니라
길 위에서도
기다림 속에서도
불쑥 찾아오는 것임을

다음 역에선
어떤 기쁨이 우릴 기다릴까

그 설렘은
꺼지지 않는 등불처럼
지금도 따스히 빛나고 있다

도토리 할아버지

가을 햇살이 부드럽게 내리던 날
하은이는 놀이터 옆 상수리나무 아래서
할아버지와 함께 도토리를 주웠어요

'이거 봐 동그랗고 귀엽지?'
할아버지가 도토리 하나를 손에 쥐여 주자
하은이는 깔깔 웃으며 말했어요
'할아버지 도토리 할아버지 같다'

그날 이후 손녀는
할아버지를 도토리 할아버지라고 부르기 시작했어요
할아버지도 그 이름이 참 마음에 들었답니다
도토리처럼 작고 단단한 사랑이
두 사람 마음속에 쏙 들어온 날이었지요

'하은아~'
하고 부르면
하은이는 작은 두 팔을 활짝 벌리고
총총총 달려와 할아버지 품에 안겨요

할아버지가 번쩍 들어 올리면
하은이는 세상에서 제일 해맑은 웃음을 지어요
그 웃음은 마치
하늘 끝까지 피어나는 웃음꽃 같답니다

어느 날 할아버지는 문득 생각했어요
'우리 둘째 꽃 언제 이렇게 컸을까'
작던 하은이는 어느새 씩씩한 어린이가 되어
할아버지 손을 꼭 잡고
'도토리 할아버지 오늘은 어디 가요?' 하고 묻습니다

할아버지는 웃으며 말해요
'우리 또 도토리 주우러 가자'
하늘엔 낙엽이 휘날리고
둘은 또 나란히 걸어갑니다

손에는 작은 도토리 하나
가슴에는 따뜻한 사랑이
동글동글 익어갑니다

살아있는 것은 다 꿈을 꾼다

살아있는 것은 다 꿈을 꾼다
하늘을 나는 철새도
흙 속에 묻힌 씨앗도

아득히 먼 계절을 향해
자신만의 시간을 견뎌내며
조용히 꿈을 꾼다

꿈이란
오래된 물음 끝에서
자신만의 별을 찾아가는 일
존재를 비추는 작은 등불

오직 살아있는 동안에만
어둠 속에서도
찬란히 빛나는 것

그 모든 삶의 이유가
그 꿈 안에 있다

무너진 마음도 다시 일어나고
지친 발걸음도 다시 걷는다

희망은 쓰러진 자리에서
다시 새벽을 불러오는 힘이다

꿈이 있다는 건
짙은 어둠 속에서도
희미한 등불 하나 켜는 일

고요한 밤
그 꿈이 있기에
우리는 하루를 견디고
삶을 붙드는 뿌리가 된다

살아있는 것은
다 꿈을 꾼다

불씨

깨어나자
안개 속에 갇힌
어제의 그림자 걷어내고
새벽 숨결 따라
잊었던 길 위로 다시 걸어가자

넘어지고 쓰러졌던 날들
그때마다 마음 구석에
작은 불씨 하나 품고 있었다

꺼진 줄만 알았던 그 불씨는
언젠가를 기다리며
조용히 타오르고 있었다

어둠이 나를 가두어도
그건 잠시뿐이다

슬픔의 거대한 파도에 휩쓸려도
나는 결코 꺾이지 않는다

바람이 속삭인다
나는 아직 노래할 수 있다고
새들이 부른다
세상은 아직도 나를 기다린다고

내 안의 불씨는 아직 꺼지지 않았다
아주 작지만
모든 어둠을 잠재울 듯
뜨겁게 살아나는 그 빛으로
이 긴 밤도 환히 밝힐 수 있으리라

늘 깨어 있자
살아 있음이 곧 기적이니
오늘을 다시 노래하자
이 불꽃 꺼지지 않도록

길

아무도 걷지 않은
새하얀 길
밤새 내린 눈이
세상의 소리를 덮고
달빛조차 고요에 젖어든다

갈까 말까 망설이다
살며시 첫발을 내딛는다
푹신한 눈밭에 스며든 온기
하나 둘 발자국이 늘고
그 위로 길게 드리운
그림자도 함께 걷는다

뒤돌아보니
고요한 세상에
선명하게 박힌 내 흔적

그 흔적 사이사이
숨결이 남아 있는 듯 따뜻하다

누군가 따라올까
혹은 바람에 지워질까
불어오는 바람결에
잠시 걸음을 멈춘다

어린 날엔 길이
놀이터처럼 반짝였고
젊은 날엔 길이
끝없이 이어질 줄만 알았다
그러나 오늘의 길은
발걸음마다 무게를 느낀다

삶이란
아마도 이렇게
눈 위에 길을 놓는 일
남기고 싶어도
다 지워지는 길 위에서
다시 걸음을 떼는 일

동백꽃보다 예쁜 꽃

오동도가 보이는 마을에는
동백꽃보다 더 예쁜 꽃이 있어요
이름은 안젤리나*
호기심 가득한 눈망울은 반짝반짝
한 걸음 한 걸음 걷는 모습마저 예쁘지요

여름방학 마지막 날
햇빛이 뺨을 뜨겁게 달궈도
미술학원으로 힘찬 발걸음을 옮기고
태권도 도복을 챙겨 입고
씩씩하게 세상으로 나섭니다

할머니는 늘 말해요.
'세상에서 가장 아름다운 꽃은
오동도의 동백꽃이 아니라
바로 우리 손녀 너란다'

그 말이 바람을 타고
섬까지 날아가면

동백나무도 붉은 꽃잎 흔들며 웃을 거예요

왜냐고요?
세상에서 가장 예쁜 꽃이
지금 이 순간 무럭무럭 자라고 있으니까요

---

* 손녀의 세례명

비상의 조건

거스를 줄 모르는 저항은
저항이라 할 수 없다

바람을 가르는
새의 날갯짓
그것은 곧 저항이다

날개를 펼쳐도
제자리를 맴돈다면
그건 실에 묶인 연(鳶)일 뿐
새라 할 수 없다

실을 끊는 순간
바람은
더 이상 벽이 아니다

높이 솟구칠 때
비로소 새는
새가 된다

4부

매일 새롭게 피어나는 희망을 향해

대문

아버지는 늘
대문을 닫고 나가셨다

덜컥,
낮은 울림이 온 마당에 퍼지면
우리는 그 소리를
기다림의 시작이라 불렀다

어머니는
대문 너머 먼 길을 바라보며
된장국에 물을 더 붓고
낡은 문틀에 손을 얹곤 하셨다

세월이 흘러
대문은 자동으로 열리고
누구도 기다리지 않는 집이 되었다

하지만 나는 여전히
대문* 앞에 설 때마다 숨을 고른다

누군가의 안부를 묻듯
문고리를 천천히 잡는다

덜컥,
이제 그 소리는
내가 세상을 향해 나서는 소리다

---

* 맥파문학상 우수상 수상작

들꽃

아무도 눈길 주지 않던
거친 돌틈 사이
작은 씨앗 하나가
바람에 실려와 내려앉았다

비 한 번, 햇살 한 줌
그리고 긴 침묵 속에서
들꽃 한 송이
소리 없이 피어났다

그 꽃은
바로 나였고
바로 너였고
한때 세상에 밀려
어둠 속에서 흔들리다
끝내 붙잡고자 했던
희망의 마지막 숨결이었다

살아간다는 건

넘어지고
다시 일어서며
상처 난 뿌리를
더 깊이 내려
내일을 향해
다시 걸어가는 일

그리하여
자유롭게
그리고 힘차게
바람을 맞으며
하늘 향해 피어나는 일

희망은 새벽에 피어난다

고요한 새벽
겨울 산 능선 위에
희망의 숨결이
꽃처럼 피어난다

차가운 공기 속
가지마다 번지는
붉은 온기

그 속에서
내 마음의 어둠도
천천히 녹아내린다

희망은
언제나 그렇게
소리 없이 다가온다

시간의 순환 속에서
새로운 빛으로 깨어나

내 가슴에 작은 불을 지핀다

보잘것없는 하루라도
그 안의 희망은
결코 작지 않다

내일을 향한 믿음으로
미래를 꿈꾸며
서로의 손을 맞잡는다

희망은 멀리 있지 않다
지금 이 순간
첫 빛을 담은
나의 눈동자 속에
이미 빛나고 있다

틈새

문틈에 스며든 햇살이
말없이 방 안의 고요를 흔든다

냉장고 문틈에도
누구 하나 다녀간 듯 흔적이 남는다
익숙한 욕망은
가끔 나 자신을 가장 모르게 한다

세상 틈이란 게
다 닫힌 듯 보여도
사람도 바람도
심지어 복권 운도
어디 하나쯤은 삐끗 열려 있다

마음과 마음 사이
잡은 손과 손 사이도
언제나 완전한 접촉은 없고
틈 하나쯤 남는다

틈새시장엔
벌써 큰손들이 들어앉았고
서민들은
틈새라면에 꿈을 말아 넣는다

하지만
틈새만 잘 노리면
냉면 사이 고기처럼
뜻밖의 기쁨이
쏙 끼어들지도 모른다

하루

하늘이 건네는 첫 선물
하루

새벽빛 스며든 창가에서
은빛 실타래를 풀어
조용히 놓는 작은 점 하나

그 점 속에는
시간의 무게와
삶이 던지는 물음이 숨어 있다

우리는 그 점을 따라 걷는다
또 다른 점을 만나
둥근 원이 될 것을 꿈꾸며

때로는 흘려보내고
때로는 의미를 새긴 채

그러나

가벼운 하루는 없다
흘려보낸 순간조차
어딘가에 고요히 스며들어
내일의 길을 빚어낸다

해 질 녘
하루의 점은 고요히 접히지만
그것은 끝이 아니다

시작과 끝은
보이지 않는 선으로 이어지며
우리의 원이 완성될 때까지
하루는 또 다른 점으로 이어지기 때문이다

오늘
당신은 어떤 점을 남기셨습니까?

바람의 노래

바람은
비어 있는 자의 노래

우리가 잊고 살아온 인연들이
나뭇가지 사이로 풀잎 위로
조용히 스치며 노래한다

인연은
언제나 물음이다
어디서 왔고
어디로 흘러가는가

우리는 답을 알지 못해도
세월이 흐르고 나면
언젠가는 알게 된다

어느 날 무심코
문턱을 넘고
잔잔히 마음을 흔드는 것

보이지 않는 바람이
보이는 마음을 깨운다

바람은
비어 있는 마음에 깃드는 노래

그 빈 곳으로 새 한 마리 날아들고
꽃 한 송이 고개를 끄덕일 때
말하지 못한 마음 하나가
숨결처럼 스쳐 간다

때로는 이렇게
스쳐 지나가는 순간이
인연이었다는 걸
비로소 깨닫는다

커피, 그 향기 속의 존재

음악이 흐르고 책을 펼칠 때
은은히 피어오르는 커피 향기 속엔
손 내밀면 닿을 듯한 신비가 깃든다

향은 깃털처럼 온 공간을 감싸
별 총총한
나만의 평화로운 우주가 된다

고요히 퍼지는 향긋한 숨결
그 미각이 나를 감싸는 순간
삶은 나만의 색으로 물들고
희미했던 기억들은
더 선명해진다

귓가에 흐르는 멜로디와
따스히 다가오는 향은
나의 동반자가 되어
다정한 위로를 건넨다

그 소소한 기쁨 속에서
작은 행복의 씨앗을 가꾸듯
마음은 익어가고

모든 시름은 사라져
호수처럼 고요해진다

그 순간
시간과 나를 구분하지 않는
존재, 그 자체로 머물 수 있다

저 구름과 같이

누가
저 구름을 매달아 두었을까
이 드넓은 창공 한가운데에
묶음도 없이 띄워두었을까

무게도 없고
길도 없으며
다만 유유히 떠 있을 뿐이거늘

나는 어찌하여
걸음마다
천근만근 짐을 지고 있었던가

구름은 높이 떠서
아무것도 소유하지 않거늘
나는 어찌하여
모든 것을 품으려 했던가

머물지 않는 구름처럼

붙잡지 말고
내 안의 묵은 짐도
흘려보낼 수는 없었을까

흘러가는 흰 구름을 바라보며
지나온 여정을
가만히 가슴에 새겨본다

결국
삶 또한
저 구름과 같이
덧없이 흘러가는 일 아니겠는가

제자리

돌고 돌아
나는
다시 제자리다

시간이 흐르고
사람은 떠나고
계절은 수없이 바뀌었지만
내 안의 무언가는
늘 그 자리에서 나를 기다리고 있었다

욕심은 앞질러 달리고
미련은 뒷걸음질 쳤으며
후회는 한참을 서성이다
결국 나를 놓아주지 않았다

바람이 불고
물결이 꺾이고
태양이 져도
나는 또

제자리다

아무도 알아보지 못한
내 안의 작은 불빛 하나
그것만은 단 한 번도
자리를 옮기지 않았다

어쩌면 삶이란
끝없는 유랑이 아니라
잃어버린 제자리를
다시 찾아가는 여정인지도 모른다

그리고
지금 나는
처음의 그 자리로
돌아가는 중이다

폭염

그림자마저 숨 고르는 오후
매미가 마을 끝자락을 붙잡고
바람개비 돌듯 자지러진다

열기 가득한 문을 열 때마다
하루분의 생이 휘청이고
마당의 강아지는 혀를 늘어뜨린 채
그늘을 좇고
나도 그늘을 좇는다

참을성 많던 바람마저
골목 끝에서 등을 돌리고
햇살은 날마다
더 뜨겁게 펄펄 달군다

숨 막힌다
밤이 터졌으면 좋겠다

칠흑 같은 어둠이 내려

은빛 달빛이 깃들고
이 뜨거운 하루를
서늘한 바람이 쓸어갔으면

짓눌린 가슴 틈새로
숨 한 줄기 스며들고
시든 나뭇잎 끝에도
생기가 돌아왔으면

그러나
이 또한 지나가리라

부채질 같은 희망을 품고
땀방울로 얼룩진 하루를 견딘다

물레

어릴 적
할머니 방 한켠
물레가 놓여 있었다

잠자듯 앉아 돌리던 물레
가는 실 하나에
말 없는 마음을 엮고
밤이면 촛불 곁에서
덜컥거리는 마음을 빚으셨다

나는 그저 장난삼아 돌렸지만
그분은 실 한 타래에도
한 생을 담아 건네셨다

세월이 돌고
물레도 수도 없이 돌았지만
먼 기억의 방에서도
바람 머문 툇마루에서도
나는 물레의 마음을 알지 못했다

오랜 세월이 흐르고
내가 물레에게 다가갈 때마다
물레는 언제나 그 자리에서
말없이 나를 받아주었다

찾아오는 누구에게도
물레는 외면하지 않았다

도는 방향이 어디든
빚으면 빚는 대로
언제나 한결같았다
물레는 그랬다

불꽃

숨이 막혀도
빛이 꺼져도
어둠은 기어이
또 다른 길을 품는다

기억은 희미해지고
얼굴은 멀어지지만
가슴 저 깊은 곳
불꽃 하나 살아 있다

세상이 등을 돌려도
숱한 실패에 쓰러져도
나는 나를 믿는다

심장이 뛰는 한
꿈이 머무는 한
끝은
아직 아니다

5부

낮도 당신의 것, 밤도 당신의 것

모든 것에는 저마다의 때가 있다

씨앗은 땅속에서 긴 꿈을 꾸고
햇살은 아침에 문을 두드린다

피어나야 할 꽃은 머뭇거리지 않고
질 때가 오면 조용히 고개를 숙인다

바람도 머물다 떠나는 날이 있고
파도도 밀려왔다 다시 물러간다

울음에도 때가 있어
울 수 있을 때 울어야 한다

사랑도 이별도
기다림도 만남도
자기만의 시간이 있다
서두른다고 앞당길 수 없고
미룬다고 피할 수 없다

때가 이르면

아무리 단단한 마음도 풀리고
아무리 굳은 얼음도
봄 앞에서는 녹아내린다

그러니 조급해하지 말자
지금 이 순간도
언젠가는 그리워질
소중한 '때'일 테니

멈춤의 미학

바쁜 세상
눈은 달리고 손은 바쁘고
마음은 어디쯤 길을 잃었는가

햇살은 말을 걸고
바람은 안부를 묻건만
우린 듣지 못한 채 스쳐만 간다

낮과 밤
서로의 그림자 속에 녹아들고
서로 닿지 않는 두 손마저
이젠 섞여 경계가 없다

그렇게 흘러만 가는 하루
어디쯤에서 멈춰
나를 다시 바라볼 수 있다면
잎새 흔드는 숨결 속에서
내가 살아 있음을 알게 되리니

하루의 끝에
조용히 멈추어 서서
이 땅의 맥박 소리를 들어보자

길섶의 들풀 한 줌에도
작은 생명 빛나고
온전한 삶이 깃들어 있으니

세상의 소란 속에서도
한순간 멈출 수 있다면

그 멈춤이
세상과 나를 잇는
삶의 정거장이 아닐까

새벽 능선에 피어나는 것들

새벽빛이 겨울 능선을 넘어
한 줄기 온기처럼 어둠을 밝힌다

어제의 무게도 조용히 녹아들며
세상은 매 순간 새로 태어난다

그 순환 속에서
희망도 숨을 쉬고
우리의 가슴 어딘가에도
따뜻한 온기가 자란다

빛이 깨우는 아침
그 하루는 단순한 시간이 아니라
내가 살아 있음을 증명하는
작은 우주다

그래서 나는
세월의 흐름에 몸을 맡기되
오늘을 살아낸

내 안의 울림을 잊지 않으려 한다

새벽은
언제나 같은 질문을 던진다

당신은
어디서 와서
어디로 가고 있는가

그 물음 앞에서
나는 조용히 가슴을 열고
세상의 숨결과
겸허히 마주 선다

이 세상 끝까지

같은 별빛 아래 숨 쉬는 우리
낙엽이 지고 강이 얼어도
서로의 온기로
봄을 기다립니다

손끝 닿는 시간마다
작은 기도가 피어나고
지난 모든 어제가
오늘의 빛을 밝히고 있습니다

어느 가을날
당신은 말없이 내 손을 잡아주었지요
차가운 바람 속에서도
그 따뜻한 온기가
나를 일으켜 세웠습니다

그리움도 기쁨도
저녁노을처럼 조용히 번지고
이제는 말하지 않아도

당신을 알아봅니다

영원은 멀리 있지 않습니다
당신의 숨결에 기대어
조용히 듣습니다

세상은 바쁘게 흘러가도
이 순간 당신과 나누는 고요가
내 안에 머무는
빛이자 평화입니다

빛과 어둠의 만남

노을이 저녁을 물들일 무렵
하늘은 마지막 빛을 길어 올려
고요히 어둠의 이마에 얹는다

그 경계에 서면
하루는 저물고
다음 하루는
아직 이름 없는 틈에서 기다린다

빛은 물러나며 형상을 거두면
어둠은 다가와
조용히 모든 것을 감싼다

하루의 소리들이 멈춘 자리에서
누군가의 숨결 같은 바람이 지나가고
그 바람에 마음 한 조각이 흔들린다

그제야 알게 된다
모든 끝은 시작을 품고 있으며

빛은 사라지지 않고
어둠 속에서도
자신의 길을 찾는다는 것을

운명은 그렇게
서로의 품 안에서
스며들 듯 섞인다

내 안의 두려움과 희망도
조용히 섞여 들어
마침내 같은 심장 소리로
하루를 견디게 한다

그 사이
빛과 어둠은 하나로 스며든다

땅에서 달까지

땅에서 태어나
달빛에 마음을 기대었다

걸음마다 흙먼지를 묻히고
숨결마다 바람에 실려 가며

하루하루를
쌓아 올린 삶

달이 차듯
마음도 차오르고
달이 기울듯
삶도 스러지고

그러다 마침내
아무 말 없이
다시 땅으로 돌아가는 것

그러니 삶이란

땅에서 달까지
그리고 다시 땅으로
이어지는 긴 숨결

밤마다
차올랐다가
아침이면 스러지는
빛의 순례

달이 되어도
좋으리라

그 속에 다시 스며들어
누군가의 밤길을
은은히
밝혀줄 수 있다면

시간의 물레

어느 누가 감히
시간의 물레를 멈출 수 있을까
영웅호걸들의 거친 숨결도
저 물레에 감겨 사라졌다

시간은
피할 수 없는 사형선고처럼
묵묵히 돌아간다
어떤 이는 빠르게 감기고
어떤 이는 느리게 풀어진다

아침 해를 받아 씨앗을 틔우는 생명도
어둠 속에서 시든 꽃을 붙드는 미련도
저마다 다른 실을 지녔건만
세월의 물레 앞에서는
모두 예외 없이 엮여간다

오늘도
시간의 물레는

우리를 데리고 어디론가 흐른다
그 위에서 나는 묻는다

어떻게 인간답고 겸손하며
가치 있는 삶을 빚을 수 있을까

기쁨으로 잣아내면 약이 되고
한숨으로 잣아내면 독이 되는 시간

오늘
나에게 주어진
하루의 실타래를
어떤 빛으로 풀어낼 수 있을까

꽃의 고백

봄의 끝자락
부끄러움 끝에 터진 수줍은 숨결

꽃은
조용히 고개를 들고
머뭇대는 봄바람에
진한 향기를 실어 보낸다

누군가를 향한 마음은
고운 날개처럼 피어오르지만
마음이 깊어질수록
떠날 때는 더 아리다

연분홍 겹겹의 꽃잎 속엔
말 못 할 사연이 숨어 있고
한 번쯤은 쏟아내고 싶은
사랑이 그 안에 담겨 있다

머물지 못해도

피었던 기억 하나로
사랑은 이미 전부였다

그래서 나는 믿는다
스치듯 스러져도
그 순간이 누군가의 마음속에
지워지지 않는 빛으로 남는다는 걸

바람에 실려 흩어지는 향기처럼
우리의 마음도
잠시 머물다 가는 삶도
그렇게 누군가의 가슴에 남으리라

꽃은 말한다
꽃은 필 때보다
질 때 더 깊이
마음을 적신다고

작은 빛 하나

밤에는
별 하나는 꼭 떠 있었지
어둠이 아무리 짙어도
사라지지 않는 작은 빛

낮에는
구름은 가끔 해를 가렸지만
그 아래엔 언제나
햇살이 숨 쉬고 있었지

희망은 그렇게
눈부신 순간보다
흐린 날의 인내 속에서
조용히 자라나는 것

넘어지고 다시 일어나는
우리의 하루가
결국은 길이 되고
그 길 끝에 꽃이 피는 것처럼

밤에도 낮에도

세상은 여전히

우리 안에서 비추고 있다

바람의 길

길 없는 바람이
허공을 품고 떠돈다

누가 먼저랄 것도 없이
산 넘고 물 건너
이름 모를 풀잎 사이로 스며든다

때론 등을 밀고
때론 뺨을 스치며
굽이굽이 보이지 않는 길을
주저 없이 만든다

멈춤 없이 흐르고
어디에도 머무르지 않는 것
그 자유로움이
어쩌면 가장 깊은 사랑일지도

지금, 내 곁을 스쳐 간 바람은
무엇을 남기고 갔을까

낮과 밤

빛을 경험하지 못한 이들은 알지 못한다
얼마나 깊고 무거운 어둠이 존재하는지를

어둠을 떠나보지 않은 이들은 모른다
어둠 속에 숨어 있는 밝음이 얼마나 강한지를

낮도 당신의 것
밤도 당신의 것

그러니
빛이든 어둠이든

모두 당신의 소유이며
모두 당신의 세계이다

그것을 깨닫는 순간
당신은 더 이상
빛도 어둠도 두렵지 않을 것이다

하늘 위에 하늘

놀이터에서 해맑게 웃던 손녀가
하늘을 올려다보며 묻는다
'할아버지, 하늘은 몇 층일까?'

나는 웃으며 대답했다
글쎄 세어 본 사람은 없단다
하지만 마음 맑은 날엔
더 높은 하늘이 보인단다
아이들의 꿈이 반짝이는 곳이지

손녀는 고개를 갸웃하더니
작은 손을 펴서 하늘을 세기 시작했다

'하나 둘 셋… 음~
그럼 끝이 없는 거네'

나는 그 말에 빙그레 웃었다

그래 끝이 없단다

하늘도 꿈도 그리고
우리 마음도 끝이 없는 거란다

첫째 하늘엔 새들이 날고
둘째 하늘엔 흰 구름이 흐르며
셋째 하늘엔 별빛이 숨 쉬고
그 위엔 오직 꿈꾸는 이들만 아는
아주 깊은 파란 하늘이 있단다

바람은, 이 하늘에서 저 하늘로
우리의 희망을 실어 나르고
햇살은 층층이 겹쳐진 빛으로
우리 마음까지 비추어 준단다

하늘 위에 하늘이 있듯
우리 마음 안에도
또 다른 마음이 있을 거야

그러니 우리 마음도
언제나 끝없는 하늘이어야 한단다

해설

꿈꾸는 삶, 깨어 있는 문장들

김수정 (문학과 제도의 연구, 문학평론가)

이슬이 맺힌 새벽 공기처럼, 생명이 닿는 모든 자리마다 스며드는 빛의 숨결이 있다.

김우용 시인의 시집 『빛을 따라 걷는 날들』은 그러한 조용한 빛의 결을 섬세히 어루만지는 시편들로 가득하다.

이 시집을 펼치면, 아무렇지 않게 스쳐 지나던 풍경 속에서도 문득 가슴을 울리는 진동이 느껴지고, 평범해 보이던 일상마저도 조용히 흐르는 생의 속삭임으로 다가온다.

시인은 삶과 존재, 그리고 순간의 빛을 담담히 바라보며, 맑고 고요한 언어로 하루하루의 결을 빚어낸다.

한 편 한 편의 시는 우리 안에 잠들어 있던 감각을 조심스레 깨우고, 내면 깊숙이 숨어 있던 목소리를 조용히 불러낸다.

책장을 넘기다 보면, 일상의 틈새마다 스며든 작은 빛들이 어느새 마음속에 포근히 내려앉는다. 소리 없이 단단하고, 잔잔하지만 오래도록 여운을 남기는 이 여정 속에서, 우리는 다시금 '빛을 따라 걷는 날들'의 따스함과 그 깊은 의미를 천천히 되새기게 될 것이다.

1부 - 「마음의 문」

이 시는 극도로 정지된 이미지를 통해 절대적 고독과 정적의 순간을 섬세하게 묘사한다.

'바람 한 줄기조차 없는 밤'과 '달조차 숨죽인 하늘 아래'는 모든 외부의 움직임과 빛이 사라진, 시간조차 멈춘 듯한 장면을 그린다. 이 정적의 시간 속에서 시적 화자는 오롯이 어둠과 마주 선다. 이는 인생에서 희망이 전혀 보이지 않을 때, 마음속 깊은 공허를 직면하는 인간의 내면 경험을 상징한다. 그러나 이 시는 여기서 멈추지 않는다.

'어둠이 짙게 내려앉은 틈'에서 시작되는 변화는 절망을 넘어서는 순간을 예고한다. 완전한 암흑 속에서도 '가느다란 별빛 하나가' 피어나는 장면은, 절망이라 여겼던 자리에서 피어나는 희망의 가능성을 은유한다. 이 희망의 빛은 외부로부터 오는 것이 아니라, 바로 자기 안의 깊은 곳에서 솟아오르는 것임을 암시한다.

시의 전환점은 "절망이라 여겼던 한 걸음을, 조심스레 내디뎠을 때"이라는 구절이다. 이 생명의 은유는 절망의 땅에서도 희망은 싹틀 수 있음을 보여준다. 삶은 주어진 현실을 수동적으로 견디는 것이 아니라, 한 걸음 내딛는 용기와 실천을 통해 변화시킬 수 있다는 메시지를 던진다.

결국 이 시가 전하는 핵심은, 진정한 시작은 '모든 것이 끝이라 믿었던 순간' 느껴지는 그 순간에서 시작된다는 인생의 역설이다. 어둠은 외부의 조건이 아니라, 마음의 상태일 수 있음을 깨닫게 한다. 그래서 중요한 것은 외부의 빛이 아니라, 마음의 문을 여는 용기와 신념이다.

이 시는 삶의 역전 가능성과 희망의 철학을 담은 따뜻한 시편이다.

어둠을 향해 한 걸음 내딛는 것처럼 마음을 열면 그 순간, 밤 또한 낮처럼 빛날 수 있다는 믿음을 독자에게 전하고 있다.

바람 한 줄기 없는 밤이었다
달조차 숨죽인 하늘 아래
내 그림자조차 나를 떠났다

먼 산등성이

어둠이 짙게 내려앉은 틈
가느다란 별빛 하나가
고요히 어둠을 뚫고 피어나고 있었다

절망이라 여겼던 한 걸음을
조심스레 내디뎠을 때
땅속에서 싹이 오르듯
희망은 말없이 내 안에서
꿈틀거리기 시작했다

모든 것이 끝이라 믿었던 순간
그 끝은
새로운 시작이 문을 열고
빛처럼 퍼져가고 있었다

낡은 문 하나 열었을 뿐인데
찬 바람이 스치고
먼지 쌓인 풍경이
조용히 빛을 품으며
다시 숨을 불어넣기 시작했다

눈을 감으면 암흑이지만
마음을 열면

어둠도 어둡지 않고

밤 또한

낮처럼 빛난다는 것을

알게 된 밤이었다

-「마음의 문」전문

2부 -「오늘도 빛나는 (J)에게」

「오늘도 빛나는 (J)에게」는 한 사람의 존재를 깊이 응시하며 건네는 조용한 위로이자, 다정한 찬사로 읽힌다. 시는 이름 없이 이니셜로 처리된 'J'에게 말을 건네지만, 그 대상은 특정한 인물을 넘어 이 시를 읽는 우리 모두일 수 있다.

시의 시작은 "창문을 열자 어김없이 햇살이 들어옵니다"라는 자연스러운 일상 동작으로부터 시작된다. 여기서 햇살은 단순한 자연의 현상이 아니라 '당신'을 닮은 존재로 감정의 은유이자 정서적 상징으로 확장된다. 햇살은 시 전체를 관통하는 따뜻한 정조를 이끌며, 독자에게 감각적으로 스며든다.

시인은 어제의 슬픔이 아직 마음에 머물고 있다면 그 자리에 햇살 한 줌을 놓아두라고 권한다.

이 구절은 단순한 조언이 아니라, 상처를 보듬는 섬

세한 제안이다. 삶의 어두운 감정과 마주할 때 그것을 억누르거나 회피하기보다는 부드럽게 감싸안고 빛을 건네는 태도가 담겨 있다. 이로써 시는 위로의 방식 또한 온화하게 제시한다.

"당신이 지나간 자리마다 작은 꽃이 피고 누군가는 숨을 고릅니다"라는 표현은 특별한 행동을 하지 않아도 그 사람의 존재 자체만으로 누군가에게 위안과 숨 쉴 틈이 되어 주는 순간들을 포착한다. 이는 시인의 관찰력과 따뜻한 시선이 만들어 낸 문장으로, 독자로 하여금 자신의 존재 가치에 대해 다시 생각하게 만든다.

마지막 연의 "잊지 마세요 당신은 누군가의 아침이자 봄이자 별입니다"는 이 시가 품고 있는 모든 메시지를 응축한 결정적인 다정함이다.

성과나 상태, 말과 행동에 조건을 두지 않고, 존재 그 자체가 이미 빛나고 있는 봄이자 별이라는 절대적인 긍정은, 현대를 살아가는 독자에게 더없이 필요한 언어다.

「오늘도 빛나는 (J)에게」는 우리가 흔히 지나치는 일상의 장면 속에서 소중한 누군가의 존재감을 재조명하는 시이다.

그리하여 이 시는 결국, 누군가에게 전해지는 작고 단단한 빛 한 줌의 역할을 하며 읽는 이의 마음 한구석에도 조용히 햇살처럼 내려앉는다.

당신이 지나간 자리마다

작은 꽃이 피고

누군가는 숨을 고릅니다

무엇을 하든

어떻게 있든

당신은 오늘도

충분히 빛나고 있어요

가끔은 당신도

스스로를 잊고 살아가겠지만

나는 알고 있습니다

당신이 얼마나 소중한 사람인지

당신의 말 한마디가

어떤 이에게는 하루의 위로가 되고

당신의 작은 웃음이

누군가에게는 다시 일어설 힘이 된다는 걸

잊지 마세요

당신은 누군가의

아침이자

봄이자

별입니다

- 「오늘도 빛나는 (J)에게」 부분

3부 - 「아내의 웃음소리」

1부가 마음의 회복과 내면의 용기를, 2부가 타인을 향한 다정한 시선을 그려냈다면, 3부는 삶의 시간 속에서 맺어진 관계와 그 안에 스며 있는 깊은 감정의 무늬를 보여준다.

「아내의 웃음소리」는 그러한 정서의 집약체로, 오랜 시간 부족한 삶을 묵묵히 지켜준 존재에 대한 고마움과 감사, 그 존재가 주는 위로, 그리고 삶을 다시 걷게 하는 힘을 잔잔히 노래하는 작품이다. 시의 화자는 아내의 웃음소리를 단순한 웃음소리가 아닌, 지친 인생의 흐름을 반전시키는 정서적·상징적 에너지로 바라본다. 넘어져 상처 입은 날이면 그 웃음은 쓰린 아픔을 부드럽게 감싸고, 지친 어깨 위엔 새로운 희망을 얹어준다. 이러한 표현은 웃음이라는 일상적인 감각을 존재의 치유력으로 확장시킨 시인의 시선이 반영된 것이다.

시인의 언어는 꾸밈이 없지만, 감정은 깊고 진하다. "거센 비바람 몰아칠 때에도 한 송이 꽃처럼 환히 피어나"라는 구절에서 아내의 웃음은 단순한 유쾌함이 아닌, 함께 견뎌온 시간 속에서 길어 올린 생의 저력이기도 하다.

그래서 그 웃음은 "내 삶의 환희의 꽃"이자, "가슴 깊이 울려 퍼지는 가장 아름다운 사랑의 노래"가 된다.

이때 웃음소리는 청각적 이미지를 넘어 시각과 정서 기억과 감각을 동시에 자극하는 복합적 상징으로 기능한다.

이어지는 시구에서는 아내의 웃음이 한 송이 꽃처럼 환하게 피어나 메마른 마음을 적시고, 삶의 구석구석에 따스한 향기를 채워 넣는다. 이는 시인이 아내라는 존재를 통해 삶의 감각을 되찾고 있다는 고백이자, 사랑이 일상을 다시 숨 쉬게 하는 방식을 보여주는 문장이다.

"때로는 아이처럼 해맑게 때로는 바람처럼 시원하게"라는 구절은 웃음소리의 다층적 성격과 그 다양성을 묘사하며, 그 웃음이 언제나 일정하지 않아 더욱 생명력 있고 인간적이라는 점을 부각한다. 결국 이 웃음은 단지 나를 위로하는 데 그치지 않고, '환희의 꽃'이며 '사랑의 노래'라 고백하며 지친 나에게 다시 걸을 힘과 용기를 건네는 존재, 즉 삶을 계속 살아가게 만드는 정서적 중심이 된다.

「아내의 웃음소리」는 사랑하는 이의 존재가 일상 속

에서 어떻게 감정의 구조를 바꾸고, 삶을 지탱하는 힘이 되는지를 잔잔하지만 진심 어린 시선으로 써 내려간 시다. 이 시를 읽고 나면 가장 익숙한 사람에게서 건네받은 작고 고운 웃음 하나가 어떻게 하루를 다시 살아가게 만드는지 새삼 떠올리게 된다.

  3부의 핵심 정서가 "삶의 관계 속에서 피어나는 조용한 희망과 감사"라면, 이 시는 그 정서를 가장 아름답고 진솔한 방식으로 전하는 시편이자, 사랑이란 이름의 소리 없는 기도이다.

    아내의 웃음소리엔
    묘한 치유의 힘이 깃들어 있다
    나의 반쪽 삶을 묵묵히 지켜준
    그 웃음소리에 나는 오늘도 감사한다

    넘어져 상처 입은 날이면
    쓰린 아픔을 부드럽게 감싸고
    지친 어깨 위엔
    새로운 희망을 얹어준다

    거센 비바람 몰아칠 때에도
    한 송이 꽃처럼 환히 피어나
    메마른 가슴을 적시고

삶의 구석구석에
따스한 향기를 채워 넣는다

때로는 아이처럼 해맑게
때로는 바람처럼 시원하게
그 웃음소리는
지친 나를 토닥이며
다시 일어설 용기를 심어준다

아내의 웃음소리는
묵묵히 견뎌온 세월의 무게도
가볍게 덜어내고
어두웠던 하루의 문을 환히 열어준다

가슴 깊이 울려 퍼지는
내 삶의 환희의 꽃
그 어떤 노래보다 따스한
가장 아름다운 사랑의 노래다

- 「아내의 웃음소리」 전문

4부 - 「매일 새롭게 피어나는 희망을 향해」

4부에 이르러 시인은 삶의 바깥에서 피어나는 관계의 따뜻함을 지나 자신의 내면 가장 깊은 곳에서 조용히 피어나는 희망의 숨결을 응시한다.

「희망은 새벽에 피어난다」는 절정이 아닌 새벽이라는 하루의 여명 속에서 삶의 빛이 다시 시작됨을 이야기한다.

시인의 시선은 소란스럽지 않다. 오히려 차갑고 고요한 새벽 공기 속에서 겨울 산 능선 위로 번지는 붉은 온기를 통해 가장 낮은 곳에서 피어나는 온기와 희망의 색채를 섬세하게 포착해 낸다.

"가지마다 번지는 붉은 온기"는 자연 속에 퍼지는 희망의 확장과 연대감을 상징한다.

"내 마음의 어둠도 천천히 녹아내린다"는 고백은 희망이란 감정이 외부에서 돌진해 오는 것이 아니라, 오랜 시간의 흐름 속에서 서서히 피어나는 감각임을 상기시킨다. 여기서 희망은 소리 없이 찾아오는 생의 속도, 그리고 그 안에 깃든 따뜻한 불빛이다.

"보잘것없는 하루라도 그 안의 희망은 결코 작지 않다"는 시인이 일상의 축적 속에 깃든 꿈의 파편들을 얼마나 소중히 바라보는지 보여주는 핵심 문장이다. 이 믿음은 "내일을 향한 믿음"으로 조용히 다가온다.

믿음은 오늘을 다정하게 붙잡고, 내일로 이어지게 하는 시인의 가장 내밀한 언어이자 기도이다.

그 희망은 결코 화려하거나 눈부시지 않다. 시인은 그것을 "서로의 손을 맞잡고 나아가는" 아주 작고 조심스러운 움직임으로 그린다. 절망의 반대편에서 기다리는 극적인 기적이 아니라, 지금 이 순간, 나의 눈동자 속 어딘가에서 이미 조용히 빛나고 있는 것임을 시인은 말한다.

4부에 담긴 시편들은 눈부신 결말도, 거센 감정의 소용돌이도 추구하지 않는다. 오히려 흐르는 시간 안에서 살며시 피어나는 감정의 잔물결에 귀 기울인다. 새벽의 빛 겨울 산의 능선 가지 끝의 붉은 온기 그리고 마음속의 작은 불씨 이 모든 이미지들은 희망이란 이름으로 삶의 틈새마다 조용히 뿌리내리는 빛의 조각들이다.

결국 4부는 시집 『빛을 따라 걷는 날들』이 품고 있는 가장 깊은 속마음을 건네듯 전한다. 빛을 따라 걷는다는 것은, 잃어버린 나를 걸음마다 다시 마주하고, 어둠 속에서도 사라지지 않는 무언가를 향해 마음을 열어두는 일. 그리고 그 여정의 끝이 아니라, 매 순간에 이미 희망이 조용히 숨 쉬고 있음을 믿는 일이다.

그 희망은 누군가에게 외치는 찬란한 선언이 아니다. 하루의 끝자락 아무도 보지 않는 곳에서조차 꺼지지 않고 숨 쉬는 작고 투명한 빛의 숨결로 존재한다.

    고요한 새벽
    겨울 산 능선 위에
    희망의 숨결이
    꽃처럼 피어난다

    차가운 공기 속
    가지마다 번지는
    붉은 온기

    그 속에서
    내 마음의 어둠도
    천천히 녹아내린다

    희망은
    언제나 그렇게
    소리 없이 다가온다

    시간의 순환 속에서
    새로운 빛으로 깨어나
    내 가슴에 작은 불을 지핀다

보잘것없는 하루라도

그 안의 희망은

결코 작지 않다

내일을 믿고

미래를 꿈꾸며

서로의 손을 맞잡는다

희망은 멀리 있지 않다

지금 이 순간

첫 빛을 담은

나의 눈동자 속에

이미 빛나고 있다

- 「희망은 새벽에 피어난다」 전문

5부 - 「낮과 밤」

 시집 『빛을 따라 걷는 날들』은 내면의 문을 열고, 타인과 관계를 맺으며, 희망의 빛을 찾아가는 여정을 따라 마침내 삶의 모든 시간을 '나의 것'으로 받아들이는 인식에 다다른다.

 그 결실은 5부의 시 「낮과 밤」에 고요하고 단단하게

담겨 있다.

이 시는 이분법적 사고로 분리되어 온 '빛'과 '어둠'을 다시 바라보게 한다. 빛을 경험하지 못한 이들은 어둠의 깊이를 모르고 어둠을 떠나보지 않은 이들은 그 안에 깃든 빛의 강렬함을 알지 못한다.

이 구절은 단순한 대비를 넘어, 어둠과 빛이 서로를 필요로 하며, 그 안에 서로의 진실이 숨어 있음을 암시한다.

"낮도 당신의 것 밤도 당신의 것"이라는 반복은 마치 선언문처럼 모든 시간을 자기 삶의 일부로 온전히 수용하라는 메시지를 전한다.

여기서 '당신'은 시적 화자이자 독자이며, 나아가 살아가는 모든 존재이다. 그 누구의 삶에도 빛과 어둠은 늘 함께 존재하며, 그 어느 것도 부정하거나 버릴 수 없다.

이 시의 가장 큰 미덕은 빛만을 예찬하지 않는다는 점이다. 시인은 어둠 역시 고통이 아닌, 내면의 빛이 길어지는 자리로 바라본다. 그리하여 이 시는 삶의 그림자마저 품어내는 존재의 완숙함과 사유의 깊이를 보여준다.

전체 시집의 마지막에서 이 시가 놓인 이유는 분명하다. 살아 있는 존재는 결국 꿈을 꾸고, 그 꿈은 밝은 날의 햇살뿐 아니라 긴 밤의 침묵 속에서도 자란다. 그래서 시인은 말한다.

"빛이든 어둠이든 모두 당신의 소유이며 모두 당신의 세계이다"는 세상의 밝은 면도 어두운 면도 피할 수 없는 자기 삶의 일부이며 둘을 모두 품을 때 비로소 온전한 자신으로 선다는 존재의 포용을 전하고 있다.

결국 5부는 삶의 밝음과 어둠 시작과 끝 기쁨과 고통까지 모두 껴안으며 온전한 존재로서의 인간을 다정하게 끌어안는다. 시인은 말하지 않는다. '이제 괜찮아질 거야'라고 대신 "괜찮지 않았던 순간조차, 당신의 것"이라고 말한다. 그리하여 이 시는 시집 『빛을 따라 걷는 날들』이 독자에게 남기는 가장 깊고 고요한 성찰이자 유한한 존재 속에 깃든 무한한 꿈을 향한 시인의 마지막 울림이다.

> 빛을 경험하지 못한 이들은 알지 못한다
> 얼마나 깊고 무거운 어둠이 존재하는지를
>
> 어둠을 떠나보지 않은 이들은 모른다
> 어둠 속에 숨어 있는 밝음이 얼마나 강한지를
>
> 낮도 당신의 것
> 밤도 당신의 것

그러니

빛이든 어둠이든

모두 당신의 소유이며

모두 당신의 세계이다

그것을 깨닫는 순간

당신은 더 이상

빛도 어둠도 두렵지 않을 것이다

- 「낮과 밤」 전문

에필로그

이제 책장을 덮으려 한다.

시인이 말하듯 인간과 꿈의 관계란 시간의 순환 속에서 끊임없이 질문을 던지며 함께 성장해 가는 하나의 동일체임을 드러낸다. 그렇게 살아 있는 모든 존재는 저마다의 꿈을 품고 또 그 꿈을 통해 살아간다. 그 말은 곧 이 여정은 결코 닫히지 않는다는 뜻일지도 모른다. 한 편 한 편의 시가 건네는 조용한 숨결은 우리 일상의 틈새를 비집고 들어와 마음 어딘가에 작은 불빛 하나를 켜놓는다.

우리는 어쩌면 아직 피어나지 않은 꿈을 품은 존재들이다. 그 꿈은 찬 바람 속에도 피어나고, 어둠 속에도 스며들며, 다시 걷게 하고, 다시 믿게 하며 다시 살아가게 한다. 이 시집은 바로 그 꿈의 온도를 오래도록 기억하며 삶과 시간의 결 위에 아련히 새겨진 고요한 흔적들을 품은 작은 시들의 모음이다.

 빛이든 어둠이든 모두 당신의 것이며, 그 모든 순간 안에서 당신은 이미 충분히 빛나고 있다.

 그리고 그 빛은 바로 지금 이 순간에도 다른 누군가에게 또 하나의 꿈이 되어 전해지고 있을 것이다.

빛을 따라 걷는 날들

초판 1쇄 발행 2025. 10. 12.

지은이 김우용
펴낸이 김병호
펴낸곳 주식회사 바른북스

편집진행 김재영
디자인 김민지
마케팅 송송이 박수진 박하연

등록 2019년 4월 3일 제2019-000040호
주소 서울시 성동구 연무장5길 9-16, 301호 (성수동2가, 블루스톤타워)
대표전화 070-7857-9719 | **경영지원** 02-3409-9719 | **팩스** 070-7610-9820

•바른북스는 여러분의 다양한 아이디어와 원고 투고를 설레는 마음으로 기다리고 있습니다.
이메일 barunbooks21@naver.com | **원고투고** barunbooks21@naver.com
홈페이지 www.barunbooks.com | **공식 블로그** blog.naver.com/barunbooks7
공식 포스트 post.naver.com/barunbooks7 | **페이스북** facebook.com/barunbooks7

ⓒ 김우용, 2025
ISBN 979-11-7263-612-8 03810

•파본이나 잘못된 책은 구입하신 곳에서 교환해드립니다.
•이 책은 저작권법에 따라 보호를 받는 저작물이므로 무단전재 및 복제를 금지하며,
 이 책 내용의 전부 및 일부를 이용하려면 반드시 저작권자와 도서출판 바른북스의 서면동의를 받아야 합니다.